BEI GRIN MACHT SICH IHR WISSEN BEZAHLT

- Wir veröffentlichen Ihre Hausarbeit, Bachelor- und Masterarbeit

- Ihr eigenes eBook und Buch - weltweit in allen wichtigen Shops

- Verdienen Sie an jedem Verkauf

Jetzt bei www.GRIN.com hochladen und kostenlos publizieren

GRIN ☺

Melissa Gass

Die Problematik der Verschriftung des Althochdeutschen

GRIN Verlag

Bibliografische Information der Deutschen Nationalbibliothek:

Die Deutsche Bibliothek verzeichnet diese Publikation in der Deutschen National-
bibliografie; detaillierte bibliografische Daten sind im Internet über http://dnb.d-
nb.de/ abrufbar.

Impressum:

Copyright © 2008 GRIN Verlag GmbH
Druck und Bindung: Books on Demand GmbH, Norderstedt Germany
ISBN: 978-3-640-40550-3

Dieses Buch bei GRIN:

http://www.grin.com/de/e-book/133936/die-problematik-der-verschriftung-des-
althochdeutschen

GRIN - Your knowledge has value

Der GRIN Verlag publiziert seit 1998 wissenschaftliche Arbeiten von Studenten, Hochschullehrern und anderen Akademikern als eBook und gedrucktes Buch. Die Verlagswebsite www.grin.com ist die ideale Plattform zur Veröffentlichung von Hausarbeiten, Abschlussarbeiten, wissenschaftlichen Aufsätzen, Dissertationen und Fachbüchern.

Besuchen Sie uns im Internet:

http://www.grin.com/

http://www.facebook.com/grincom

http://www.twitter.com/grin_com

Sprachwissenschaftliche Hausarbeit

Johannes Gutenberg- Universität

Deutsches Institut

HS: Historische Graphematik

Die Problematik der Verschriftung

des Althochdeutschen

Melissa Gass

7. Semester Germanistik, Ev. Theologie, Bildungswissenschaften

Studiengang: Lehramt für Gymnasien

Inhaltsverzeichnis

1. Einleitung

Der Gegenstand dieser Arbeit soll die Beschreibung der Problematik der Verschriftung der ahd. Sprache sein. Die Verschriftlichung der dt. Sprache beginnt im 8. Jh., weshalb das Ahd. „die älteste schriftlich bezeugte Stufe der deutschen Sprache" (SONDEREGGER [3]2003:1) ist. Zugleich lassen sich aber auch Uneinheitlichkeiten in der Graphie erkennen, deren Ursache u.a. wohl in der Vermischung vorherrschender Dialekte bzw. Schreibtraditionen (Bsp. Runenschrift) zu einer Schreibsprache, besteht (SONDEREGGER [3]2003:1,4,244). Zur Verschriftung verwendete man das lat. Alphabet, was aber zu weitreichenden Problemen führte. Das Ahd. und Lateinische haben z.T. einen differenten Phonem- bzw Graphembestand, d.h. dem Ahd. fehlen z.B. lat. Grapheme, um bestimmte Phoneme im Ahd. auszudrücken. Dies führte also zu einer großen Anzahl von graphematischen Schreibvarianten, die versuchen ein bestimmtes Phonem widerzugeben.

Auch ahd. Schreiber trugen zur Verschriftung mit ihren Graphemvarianten bei, indem sie versuchten die ahd. Sprache in ihrem Phonem- Graphembestand zu systematisieren, aber ebenfalls zu unterschiedlichen Beobachtungen und Anwendungen kamen. Einer der Schreiberpersönlichkeiten war Otfrid von Weißenburg, der in seinem Evangelienbuch (8.Jh.) eine erste Reflexion über die Probleme der Verschriftung wagte. Seine thematisierten Problemfelder sollen hier genannt werden. Mit einer ahd. Übersetzung des Hildebrandsliedes soll ein eigenständiges Darstellen der Problematik in Bezug auf das vorher Untersuchte stattfinden. Tabellarisch werden die wichtigsten Gaphem- bzw. Phonemvarianten dialektal gegliedert und mit Bsp. aus dem Hildebrandslied unterstützt.

Am Ende dieser Arbeit wird eine Zusammenfassung dessen gegeben, was als Problemfelder der Verschriftung bezeichnet wurde, auch werden diese noch einmal mit deren kulturellen Voraussetzungen in Zusammenhang gebracht.

2. Soziokulturelle Voraussetzungen der Verschriftung des Ahd.

Die Verschriftung des Ahd. im 8. Jh. wurde von den soziokulturellen Gegebenheiten der Zeit beeinflusst. Frühmittelalterliche Klostergründungen, aufgrund von Missionsbewegungen der Iren, der Angelsachsen sowie der Westgoten in Westeuropa, führten zur ersten Entstehung von Schreibschulen und Bibliotheken. Da die Sprache der Kirche und Gelehrten Latein war, gelangten erste Wort-für-Wort-Übersetzungen von lat. Texten in Form von Glossen in die jeweilige Dialektart des ahd. Sprechers bzw. Übersetzers. Die ersten Nutzer der ahd. Schrift waren also Mönche oder Kleriker, Mitglieder einer bestimmten gebildeteren sozialen Schicht, deren Mundart z.T. mit der der bäuerlichen Umgebung, differierte (vgl. GEUENICH 1984:1146). Karl der Große (768–814) favorisierte eine Einigung der ganzen Stämme seines Reiches, somit aber auch eine Einigung der Sprache, „damit alle verstehen können"[1]. Die Synoden im Jahre 813 brachten die Verschriftung des Ahd. ein gutes Stück weiter voran, indem sie nun festlegten, dass eine sogenannte „Volkssprache" neben Latein zulässig sei, damit das Volk die theologischen Texte und Bekenntnisse lesen und verstehen kann. Eine Vereinheitlichung in der Graphie lässt sich aber nicht nachweisen, da Karl der Große zwar eine Volkssprache haben, aber diese auf keinen Fall der gebildeten Lateinsprache vorziehen wollte (vgl. GEUENICH 1984:1147).

2.1 Aspekte ahd. Überlieferung

Nach Dialekten geordnet gibt es folgende klösterliche Überlieferungsorte, an denen die ahd. Sprache verschriftlicht wurde (BRAUNE/REIFFENSTEIN [15]2004:§3):

bairisch:	Regensburg, Freising, Tegernsee, Salzburg, Mondsee, Passau
alemannisch:	St. Gallen, Reichenau, Murbach
südrheinfränkisch:	Weißenburg
rheinfränkisch:	Mainz, Lorsch, Speyer, Frankfurt

---

[1] *Ut omnes intellegere possent* (Geuenich 2000:1147)

ostfränkisch:	Würzburg, Bamberg, Fulda
mittelfränkisch:	Trier, Echternach, Köln, Aachen

Ein einheitliches Ahd. hat es aufgrund der verschiedenen Mundarten nicht gegeben. „Es sind klösterliche Schreibsprachen auf der Grundlage der landschaftlichen Mundarten der vor- und frühalthochdeutschen stammesgemeinschaften oder Mischungen daraus mit ungleichem Anteil." (SONDEREGGER [3]2003:59).

Die Übersetzungsliteratur bestimmt das ahd. Schrifttum. Die Bibel und andere theologische Schriften bilden das Hauptinteresse, was auch die Spannungen zwischen der lat. und der ahd. Sprache aufkommen lässt. Die Übersetzung besteht aus einem Übernehmen von literarischen und sprachlichen Elementen aus dem Lateinischen in das Endprodukt im Ahd. Als Beispiel hierfür soll der später noch erwähnte Otfrid von Weißenburg dienen, der unter größter Anstrengung eine Evangelienübersetzung schaffte und die Verse noch dazu in einen Endreim setzte.

2.2 Sprachverhältnisse in den Überlieferungen

Ein solches ungleiches Verhältnis zwischen den einzelnen Mundarten, wie im ersten Abschnitt benannt, besteht eben zwischen Latein und Ahd., „d.h. zwischen Gelehrten- oder Kirchensprache und Volkssprache"(SONDEREGGER [3]2003:64). Das Adaptieren der lat. Grapheme in die ahd. Sprache ist u.a. durch die Übernahme lat. Lehnwörter und Namen ins Ahd. sowie leitmotivischer Begriffe aus dem lat. Text in die ahd. Übersetzung bestimmt. Hier wird wiederum deutlich, dass das Ahd. keine einheitliche Sprache war, sondern primär eine gesprochene, bäuerliche Volkssprache, die dann allmählich mithilfe der lat. Sprache und Schrift zu einer Schriftsprache wurde, die allerdings streng genommen nur aus der Vielfalt der gesprochenen Mundarten der Umgebung bestand (SONDEREGGER [3]2000:65). Die Übernahme lat. Begriffe ins Ahd. spielen auch aufgrund „repräsentativer Auszeichnung" oder aufgrund „praktische[r] Benutzbarkeit" (GRUBMÜLLER [2]2004:310), eine zweisprachige Textausgabe zu haben, eine große Rolle. Letzteres ist zu sehen in Otfrids Evangelienbuch (z.B. im Paratext „Ad

Luitbertum"), was in Latein und Ahd. verfasst wurde. Otfrid übernimmt nicht nur lat. Begriffe, sondern auch, wie viele Verfasser, typisch lat.- literarische Elemente, wie z.b. Widmungen und den *accessus ad auctoris* als Einführung in den Text im Brief an Luitbertum.

3. Phonologische und graphematische Problemfelder

3.1 Die Schriftlichkeit des Ahd.

Die Grundlage der Verschriftung des Ahd. bildet das lat. Alphabet, welches über die Etrusker als ursprünglich griech. Alphabet um 700 v.Chr. übermittelt wurde. Wie jede Alphabetschrift bedient sie sich des phonographischen Prinzips, „doch kann sie ergänzt, überlagert und außer Kraft gesetzt werden durch zusätzliche Kontext- und Kombinationsregeln, durch Mängel und Unvollständigkeiten des verfügbaren Zeichenarsenals, unterschiedliche Entwicklung von gesprochener und geschriebener Sprache und durch das Bemühen, auch nichtphonologische Informationen in der Schreibung sichtbar zu machen" (GRUBMÜLLER [2]1998:301). Gerade diese „Mängel und Unvollständigkeiten" (s.o.) erschweren die Adaption des lat. Alphabets an das Ahd., da verschiedene Grapheme im Lateinischen fehlen, um bestimmte Phoneme im Ahd. wiederzugeben. Auch die oben beschriebenen Dialektverhältnisse und teilweise Vermischungen erschweren eine konsequente Verschriftung mit einer klaren Phonem-Graphem-Korrespondenz. Auch die Übernahme anderer Schriftzeichen, z.B. ags. Schriftzeichen, spricht einerseits für den Vermischungscharakter des Ahd., aber andererseits auch für die Überlieferung von Schriftzeichen, die dem Lat. eben fremd waren, und damit dem Ahd. fehlten. Deshalb war eine Ergänzung von Buchstaben notwendig. In dem Prozess der Verschriftung des Ahd. geht es also v.a. darum, adäquate Grapheme für die ahd. Phoneme zu finden. GRUBMÜLLER sieht hier zwei Lösungsstrategien des Ahd.: Es „orientiert sich entweder an Neuentwicklungen benachbarter Systeme", hier ist das schon erwähnte Ags. zu nennen, auf das noch später eingegangen wird, „oder sie entstehen aus der Kombination gegebener Zeichen (z.B. Doppelschreibung bei Langvokal), die freilich durch das

Fehlen eines lat. Bezugselementes oft mehrdeutig und schwer konventionalisierbar sind" (GRUBMÜLLER [2]1998:302).

Problemfelder ergeben sich sowohl im konsonantischen als auch im vokalischen Bereich, auf die im Folgenden näher eingegangen wird. Zusammenfassend lässt sich also sagen, dass die Entwicklung der deutschen Schriftsprache zum größten Teil der schwierigen Aufgabe unterliegt, ein bereits vorliegendes Zeichensystem, was allerdings unter völlig anderen lautlichen Voraussetzungen entstanden ist, an das eigene Phoneminventar zu adaptieren, an unverbindliche dialektale Neuansätze der ahd. Schriftsprache anzuknüpfen, um eben letztendlich eine kontinuierliche Schreibsprache entstehen zu lassen.

3.2 Der ahd. Konsonantismus

Folgendes Zeicheninventar (in Klammern stehen die auftretenden Schreibvarianten) für Konsonanten wurde im Ahd. verwendet (nach BRAUNE/REIFFENSTEIN [15]2004:§171-191):

<b> (*<bb>*,*<bp>*,*<pb>*,*<bph>*,*<pph>*)

<c> (*<cc>*,*<cch>*,*<cg>*,*<ch>*,*<chch>*,*<chh>*,*<chu>*,*<ck>*,*<cu>*,*<cz>*)

<d> (*<dd>*,*<ddh>*,*<dh>*,*<dt>*)

<e> consonans (inlautend *j* nach Konsonanten)

<f> (*<ff>*,*<u>*,*<v>*,*<fph>*,*<fpf>*)

<g> (*<k>*,*<gc>*,*<gg>*,*<gh>*,*<gk>*)

<h> (*<hc>*,*<hcc>*,*<hck>*,*<hk>*,*<hkh>*,*<hcch>*,*<hch>*,*<hck>*,*<hh>*)

<i> consonans (an-/inlautend *j*)

<k> (*<c>*,*<kh>*,*<kk>*,*<kkh>*)

<l> (*<ll>*)

<m> (*<mm>*)

<n> (*<nn>*)

<p> (*<pb>*,*<pf>*,*<pff>*,*<ph>*,*<pp>*,*<ppf>*,*<pph>*)

<qu> (*<qhu>*,*<quh>*,*<quu>*)

<r> (*<rr>*)

<s> (*<sc>*,*<ss>*,*<sz>*)

<t> (*<td>*,*<th>* *<thdh>*,*<thth>*,*<thzss>*,*<tt>*,*<tth>*,*<tz>*)

<u, v> (*<f>,<uu>,<uv> <vu>,<vv>,<uuu>*)

<x>

<z> (*<zc>,<zs>,<zsc>,<zss>,<ztz>,<zz>*)

3.2.1 Besonderheiten im Konsonantismus

Gemäß GRUBMÜLLERs Lösungsansatzes orientiert sich das Ahd. am Ags., um Phoneme, die im Lateinischen nicht existieren, erscheinen zu lassen und übernimmt hier < ð> für *<th>* und *<dh>, P´* für *<u>,<uu>,* das Zeichen ¬ für *inti* ´und´, Ж für die Silbe *ga.* (SONDEREGGER [3]2003: 245, GRUBMÜLLER [2]1998:302). Auch der zweite Aspekt des Lösungsansatzes findet sich verwirklicht: „Zur Längenbezeichnung von Vokalen und Konsonanten erscheint oft Doppelschreibung…"(SONDEREGGER [3]2003:245).

Durch das oft fehlende graphische Bezugselement im Lateinischen entstehen im Ahd. Mehrdeutigkeiten bzw. Schreibvarianten, sodass sich folgende Kombinationen und Überschneidungen und damit einhergehende Schwierigkeiten ergeben (nach: GRUBMÜLLER [2]1998:302):

/pf/: *<ph, pph, pf, ppf, bph, fph, fpf, pff>* (mögliche Überschneidungen zu */f/*)
Bsp.: ahd. *aphul,apphul,apful,appful* ´Apfel´ (NÜBLING 2006:175)
/kx/: *<ch, cch, cc, ck, kh, kkh, hcc, hk, hck, hkh>* (mögliche Überschneidungen zu */x/, /k/, /g/*)
/x/ mit */t/*: *<th, ht>* (mit Überschneidung zu /l./, /t/)

Besondere Probleme ergeben sich auch bei der Schreibung der Phoneme von:
/s/: *<s, z, zs>*
/z/: *<z, tz, s, sz, sc, zc, zs, zss, cz, c, zc, ztz>*
/ts/: *<z, tz, zc, c, ctz, cz>*

SCHMIDT ([10]2007:218) differenziert noch einmal aufgrund der historischen Lautentwicklung: „Während das germ. stl. *s* im Ahd. beibehalten und auch weiter als *s* geschrieben wird, erhält das aus germ. *t* entstandene neue *s/ss* das Zeichen *ʒ/ ʒʒ.*" Otfrid z.B. schreibt meistens *ʒ,* welches nach langem Vokal und im Auslaut eintritt (Bsp. *uuaʒar,* aber *gifliʒʒin*).

SCHMIDT zeigt noch mehr Probleme auf:

Anstatt des sth. Explosivlaut [d] findet man in verschiedenen Quellen (u.a. auch bei Otfrid von Weißenburg) <th>.

Das ahd. <u>, geschrieben nur im Inlaut, kommt von germ. <f>. Da es selten im Anlaut und nie im Auslaut als <u> geschrieben wird, steht in normalisierten Texten eben an diesen Stellen <v>. Das <f> bzw. <ff> , welches aus germ. <p> entstanden ist, wird nie als <u> verschriftlicht. Es bleibt immer <f> oder <ff>. Auch die Schreibung des germ. <h> verdeutlicht die Schwierigkeiten und die Komplexität des Prozesses der Verschriftung, denn es „ist im Inlaut vor Konsonanten und im Auslaut stimmloser Frikativlaut (ach-Laut) geblieben, im Anlaut und im Inlaut zwischen Vokalen dagegen zum Hauchlaut geworden." Die Aussprache dieser Laute unterscheidet sich nach der Stellung im Wort, orthographisch realisiert wird es aber durch das gleiche Graphem <h>.

3.3 Der ahd. Vokalismus

Im Vokalismus muss unbedingt zwischen Vokalen der Stammsilben und denen der abgeschwächten Nebensilben unterschieden werde, da sich beide jeweils anders entwickeln. Die Nebensilben verändern sich aufgrund ihres Schwunds bzw. ihrer Abschwächung stärker, neigen aber zum Verfall. Deshalb soll im Folgenden nur auf die Vokale der Stammsilben eingegangen werden. Diese vokalischen Zeichen liegen im Ahd. vor (nach BRAUNE/REIFFENSTEIN [15]2004:§11-23):

Kurzvokale:<a>, <e> bzw. <ë>, <i>, <o>, <u>

Langvokale: <ā>, <ē>, <ī>, <ō>, <ū>

sowie <y>

3.3.1 Besonderheiten im Vokalismus

Bei den Besonderheiten zum Vokalismus sind das kurze <e> bzw. <ë> und das <y> zu nennen.

Das <e> wird je nach Herkunft und Lautwert entweder als <e> oder <ë> wiedergegeben. Das <ë> an sich bezeichnet einen kurzen offenen Laut, der aus germ. *<e>* oder *<i>* entstanden ist. In den Quellen aber werden solche feinen Unterschiede nicht gemacht; man bleibt beim einfachen Graphem *<e>*. Das *<y>* taucht nur in fremden Namen und Fremdwörtern auf (Bsp. *Egypte, in Syriu*).

Die Länge eines Vokals kann gelegentlich entweder durch die Verdopplung des Vokals (Bsp. *ketaan* ´brachte´, *leeren* ´lehren´) oder durch den Zirkumflex (*prâhta* ´brachte´) ausgedrückt werden.

Im Lateinischen existieren keine Zeichen für Diphthonge, daher musste auch für die ahd. Diphthonge eine Möglichkeit der Verschriftung gefunden werden. Man bediente sich wohl wieder an den vorhandenen Zeichen und kombinierte sie. Man spricht sie als „Zwielaute" aus und sie bilden nur eine Silbe. Folgende Diphthonge liegen nach BRAUNE/REIFFENSTEIN (¹⁵2004: §11-23) vor:

Diphthonge mit *<a>* an erster Stelle: *<ae>, <ai>, <au>*

Diphthonge mit *<e>* an erster Stelle: *<ea>, <ei>, <eo>, <eu>*

Diphthonge mit *<i>* an erster Stelle: *<ia>, <ie>, <io>, <iu>*

Diphthonge mit *<o>* an erster Stelle: *<oa>, <oi>, <ou>*

Diphthonge mit *<u>* an erster Stelle: *<ua>, <ue>, <ui>, <uo>*

Diphthonge mit *<y>* an erster Stelle: vereinzelt *<ya>, <ye>, <yu>*

4. Die Verschriftung in Otfrid von Weißenburgs Evangelienbuch

4.1Das Evangelienbuch

Otfrids Evangelienbuch entstand im Kloster Weißenburg und wurde um 865 vollendet. Es ist eine im südrheinfränkischen Dialekt verfasste Darstellung des Lebens und Wirkens Jesu mit eigens dazu gesetzten Kommentaren des Autors. Gegliedert hat Otfrid sein Werk in fünf Teile, was er mit den fünf Sinnen begründet, da eben diese Sinne Schuld an der Sünde der Menschen sind und Erlösung nur durch die Evangelien zu erwarten ist (VOLLMANN-PROFE 1976:25). Warum Otfrid Teile der Evangelien in seiner Landessprache verfasste, begründet er zum einen damit, dass er gebeten wurde angesichts der anstößigen weltlichen Literatur „die Süße der Evangelien" leichter zugänglich zu machen .Zum anderen begründet Otfrid seinen Versuch damit, dass heidnische Dichter, die in ihrer Sprache von den Taten ihres Volkes schrieben, überall bekannt waren. Auch christliche Menschen verfassten in der jeweiligen Sprache Texte-

> „Wir aber, obwohl vom gleichen Glauben und der gleichen Gnade erfüllt, seien zu träge, so sagten sie, den herrlichen Glanz der göttlichen Worte in unserer eigenen Sprache erstrahlen zu lassen." (VOLLMANN-PROFE 1976: 24).

Deshalb musste es auch möglich sein, Texte in seiner Landessprache zu verfassen. Er weist außerdem das Argument zurück, dass die Bibel nur in den drei heiligen Sprachen (Hebräisch, Griechisch und Latein) geschrieben werden dürfe, es sei auch eine bäuerliche Sprache ausreichend, denn die eigentliche Lobpreisung Gottes stehe im Vordergrund (vgl. VOLLMANN-PROFE 1976:27f).

Mit einem Approbationsschreiben an den Erzbischof Luitbert von Mainz wollte Otfrid von Weißenburg neben den oben im groben zusammengefassten Gründen seiner Verfasserschaft auch auf die Probleme der Verschriftung des lat. Textes in die *theodiscus*, in die Landessprache, hinweisen.

4.2 „Ad Liutbertum" – Probleme der Schreibung des Ahd.

Otfrid hat seine Briefvorrede an Luitbert nach den klassischen rhetorischen Regeln gegliedert: *inventio, dispositio, elocutio* und *peroratio.* Er orientiert sich stark am Lateinischen, da dies die Sprache ist, die er orthographisch beherrscht. Von daher ist es nicht verwunderlich, dass die Probleme bei der Verschriftung in der *theodiscus* allein in der unkultivierten fränkischen Sprache zu suchen sind, und eben nicht in der für die eigene Sprache schwer zu adaptierende Fremdsprache Latein (GÜNTHER 1985:52).

Der Verfasser nennt insgesamt neun Punkte, in denen die „Unkultiviertheit" des Fränkischen zum Ausdruck kommen (nach GÜNTHER 1985:42):

1. Die Schreibung dreifaches <*u*>, wo das Lat. nur zwei hat, da Schriftzeichen für den Halbvokal /*w*/ fehlten und es so zu Schreibvarianten kam (/*w*/: <*uu, uv, vu, vv*>).

2. Das Benötigen der Grapheme <*k*> und <*z*> im Fränk. anstelle des einheitlichen lat. <c>.

3. Das Benötigen des Graphems <*y*> im Fränk. für Fremdwörter, die schon ins Lateinische übernommen wurden.

4. Verschmelzung von Lauten.

5. Verse können im Fränkischen nicht wie im Lateinischen metrisch gebunden sein, da in dieser Sprache das besondere Augenmerk auf der Schaffung von (End-)Reimen liegt.

6. Enjambements.

7. Unterschiedlicher Lautwert des Vokals <*i*> (und <*o*>): Entweder zweisilbig <*i*> +Vokal oder einsilbig als <*j*> + Vokal gesprochen.

8. Die Umkehr der lat. doppelten Negation zur Bejahung wirkt in der Volkssprache nicht.

9. Lat. Genus und Numerus sind nicht beizubehalten.

GÜNTHER fasst die Problematik des ahd. Textes von Otfrid noch einmal im Hinblick auf die lat. Grammatik zusammen:

„Die Künstlichkeiten, oder sprachlichen Verstöße, die Otfrid aus der Kenntnis der [lat.] grammatischen Vorschriften heraus begeht, sind bestenfalls dem Gelehrten klar- für den, der diese nicht kennt, bleiben sie sprachliche Verstöße. Otfrids Evangelienbuch ist also auch in formaler Hinsicht vielfach nicht der mündlichen Normalsprache entsprechend, ihr nicht einmal nahe." (GÜNTHER 1985:52)

5. Das Hildebrandslied- Schreibvarianten im Zuge der Verschriftung des Ahd.

5.1 Das Hildebrandslied

Das Hildebrandslied ist ein heldenepisches Stabreimgedicht, das Anfang des 9. Jhd. in Fulda aufgezeichnet wurde. Gefunden wurde die Handschrift in einem Kodex der Kasseler Landesbibliothek aus der 2. Hälfte des 8. Jh. geschrieben auf die erste und letzte leere Seite. Das Heldengedicht bricht mitten im Kampf zwischen Vater und Sohn ab, da dann die Seite des Pergaments zu Ende war. Erhalten sind uns deshalb nur 68 Langzeilen. Das Besondere an dem Lied ist die Mischung niederdeutscher und oberdeutscher Sprachelemente, die darauf hinweisen, dass es wohl ein hochdeutsches Original und eine niederdeutsche Abschrift gegeben haben muss. Allerdings weist die Abschrift zusätzlich noch Sprachmerkmale aus dem Bair. auf, was dann wiederum auf eine fünf-stufige Überlieferung schließen lässt (DE BOOR [5]1962:67): „gotisches oder langobardisches Original - altbairische Eindeutschung- fuldische Übernahme- altsächsische Einfärbung- letzte Eintragung…"

Aufgebaut ist das Lied wie folgt: Erzählende Rahmenhandlung (V.1-6)- dialogischer Hauptteil (V.7- 60)- Ende (V.61- 68)[2].

---

[2] Die Verszählung erfolgte aufgrund folgender Textbasis: SCHLOSSER ([2]2004): Althochdeutsche Literatur. Mit altniederdeutschen Textbeispielen. Auswahl mit Übertragungen und Kommentar. Berlin, S. 68-71.

5.2 Die Schreibvarianten im Hildebrandslied

Wie oben schon behandelt, ist das Hildebrandslied das Produkt einer Vermischung von Sprachelementen bzw. Graphien aus dem Nieder- bzw. Oberdeutschen, v.a. aus dem Bair., und Ags. Es lassen sich deshalb Unsicherheiten bei Phonemen und Schreibvarianten bei Graphemen finden, da manche Phoneme, die aus den unterschiedlichen Dialekten stammen, nicht der wiedergegebenen Graphie in der Handschrift entsprechen. Im Ags. hingegen wird nur die graphematische Ebene betrachtet, da hier nur bestimmte Graphemzeichen adaptiert wurden, um einen bestimmten Laut wiederzugeben; lautliche Varianten gibt es also an dieser Stelle nicht. Im Folgenden soll eine tabellarische Übersicht nur über die auffälligsten Lautungen sowie ihre tatsächliche Graphie erstellt werden, die einmal in der Erstaufzeichnung des Hildebrandsliedes und in der von Lühr vorliegenden Handschrift vorkommen. Außerdem soll der jeweilige dialektale Einfluss mit einem Beispiel am Ende gezeigt werden.[3] Hieraus wird das Problem ersichtlich, dass man im Hildebrandslied viele verschiedenen Laute aus den verschiedenen Dialekten hat, die dann aber noch einmal different im Ahd. verschriftlicht werden:

a) Die as. Elemente

Sie lassen sich aus der Klostergemeinschaft von Fulda heraus begründen, denn es bestanden innerhalb der verschiedenen Klöster Beziehungen, wie hier zum sächsischen Gebiet, u.a. wegen der Sachsenmission. So wurden durch as. Schreiber as. Grapheme ins Ahd. übernommen.

Urgerm.	Erstaufzeichnung	As.	Hs.	Graphie	Bsp.
Kurzvokale					
/a/ vor *i*-Lauten	[ę]		/ę/	<e>	*heribrantes*[4] V.7

---

[3] Die tabellarische Übersicht orientiert sich an LÜHR (1982), S. 31-65, S.103-129. Allophone (nur bei Einzellauten!) werden mit [] gekennzeichnet. Sind einzelne Formen zu einem Phonem nicht klar zuweisbar, werden sie in runde Klammern gesetzt.

[4] Die Bsp. und die Verszählung sind aus dem vorliegenden Text von LÜHR (1982) entnommen, S.2-4.

bei vorherigem nicht den Umlaut (Ul.) hemmenden Konsonanten (K)						
/a/ vor *i*-Lauten bei vorherigem nicht den Umlaut (Ul.) hemmenden Konsonanten (K)	[ẹ]	/ẹ/ bzw. /a/		<e>	*helidos V.6* bzw. *seggen V.1*	
/a/ vor *i*-Lauten bei vorherigem /r/ + K	[ä]		/ẹ/	<a>	*arbeo V.21*	
/a/ vor *i*-Lauten bei vorherigem /n/ + K	([ä], [ẹ])		/ẹ/	<a>, <e>	*anti V.15, enti V.18*	
Langvokale						
/exai/ bzw. /ē³ͣ/	/ea/	/ẹ/		<æ>	*hætti V.16*	
/elōᵘ/ bzw. /ē³ͣ/	/ea/	/ẹ/		<ae>, <ẹ>	*furlaet V.19, lẹttun V.59*	
/ai/	/ei/	/ẹ/		<ẹ>, <e>	*ẹnigeru V.48., enic V.54*	
/ai/	/ē/	/ẹ/		<æ>	*ærist V.59*	
/ai/	/ei/ bzw. /ē/	/ẹ/		<æ>,<ẹ>,	*ænon V.2, ẹnan*	

				<ae>	V.11, raet V.21
/ai/		/ẹ/		<e>	heme V.43
/ai/ vor /r/, /h/, /u/	/ē/		/ē/	<æ>, <ẹ>, <e>	(ærist V.59), (sẹo-V.38), erhina V.15
Kurzvokale im Auslaut					
/aĭ/	[ẹ]	/ä/		<e>	heuane V.38
/ŏ/	/a/	/ä/		<a>	Luttila V.19
/aĭ/	[ẹ]	/ä/		<e>, <ẹ>	odre V.11,(huittẹV.62)
(/iaĭþ/), (/iaĭđ/)	[ẹ]	/ä/		<e>	habbe V.27
(/ëþ/), (/eđ/)	/a/	/ä/		<a>	gimahalta V.7
Vokale in Mittelsilben					
/iþ/	/iþ/	/iđ/		<id>	helidos V.6
Konsonanten					
/k/	/k/	/k/		<ch>	chud V.12
/k/	/k/		/k/	<q>, <ch>, <c>, <k>,	quad V,54, chlubun V.61, cnuosles V.10 bzw. sciltim V.60 bzw. scal V.,34 skihit V.45
/k/	/xx/<hh>	/k/		<cc>	harmlicco V.62
/t/	[z´z´]	/t/		<t> bzw. <tt>	breton V.50, heittu V.16
/t/	/ts/	/t/		<t>	unti V.63
/t/	[z´]	/t/		<t>	suasat V.49
/t/ vor /i/	/ts/	/tt/		<tt>	luttila V.19

b) Die bair. Elemente

Das Kloster in Fulda wurde von Mönchen bair. Herkunft gegründet, sodass durch diese Männer oberdeutsche, d.h. v.a. bair. Elemente eingefügt wurden (S.42).

Urgerm.	Erstaufzeichnung	Bair.	Hs.	Graphie	Bsp.
/uz/	/ar/	/ur/	/ar/	<ur>	ur V.46 (Präposition)
Konsonanten					
/n/ vor /i/	/n/	/nn/	/n/	<nn>	chonnem V.27
/þ/	/þ/	/d/	/þ/	<d>	detrihhe V.22 (meist im Anlaut)
/þ/	/þ/		/þ/	<th>	theotrihhe V.18
/þ/	/þ/	/d/		<d>	dat V.14
/þ/	/þ/	/d/		<ð>	ðat (meist im Inlaut) V.1
/þ/	/þ/	/d/	/þ/	<ð>	ðinc V.29
/þ/	/þ/	/d/	/d/	<ð>	ðo V.61
/þ/	/þ/	/d/	/d/	<d>	doh V.51
/k/	[x´x´]	<chh>		<chh>	deotrichhe V.25
/n/ vor /i/	/n/	/nn/	/n/	<nn>	chonnem V.27

c) Die ags. Elemente

Sie sind ebenfalls Bestandteile aus der Klosterschreibschule in Fulda, da die ags. Schrift als „äußere(s) Zeichen´ der ´angelsächsischen Tradition´ verwendet wurde (S.33).[5]

Urgerm.	Erstaufzeichnung	Ags.	Hs.	Graphie	Bsp.
/b/		/b/		<ð>	haðubrand V.3
		w-Rune		<p´>	pér V.9
		w-Rune		<p>	per V9
		w-Rune	/u/ nach auslautendem Konsonant	<u>	tuemV.3
		w-Rune		<uu>	uuet V.11
		w-Rune		<w>	werdar V.57

6. Zusammenfassung

Die Darstellung der Graphemzeichen im ahd. Hildebrandslied zeigt sowohl im Vokalismus als auch im Konsonantismus Varianten, die die Problematik der Verschriftung des lat. Alphabets im Ahd. zeigen. V.a. der as., ags. sowie bair. Einfluss bedingt durch dialektfremde Mönche in den jeweiligen Schreibstuben, auf das Grapheminventar tragen unmittelbar dazu bei, dass ags. Schreibzeichen wie die w-Rune neben dem bekannten <u>, <æ> und bair. Grapheme wie <d> und <ð> neben den bekannten <th> und <đ> sowie <ch> für anlautendes /k/ mit in den eigenen Graphembestand aufgenommen wurden (LÜHR 1982:31ff). Auch bair. Urkunden, ostfränk. Zeugnisse und andere fuld. Quellen aus der Frühzeit lassen Parallelen v.a. bei Namen (<e> neben <eo> V.22 detrihhe aber V.25 deotrichhe) im Grapheminventar erkennen (LÜHR 1982:31).

---

[5] Für die ags. Elemente wurde u.a. auch PONGS (1913: 47f.) herangezogen.

18

Es gibt noch eine Reihe weiterer Phänomene bezüglich des Zeicheninventars, die jedoch hier nicht dargestellt werden konnten, aber dennoch in der Forschung großes Interesse und unbedingtes Diskutieren erfordern.

Zusammenfassend lässt sich aber sagen, dass anhand des Hildebrandsliedes das Thema der Arbeit noch einmal verdeutlicht werden konnte.

Literaturverzeichnis

BRAUNE/REIFFENSTEIN (^{15}2004): Althochdeutsche Grammatik I. Laut und Formenlehre. Tübingen.

DE BOOR, HELMUT (^{5}1962): Die deutsche Literatur von Karl dem Großen bis zum Beginn der höfischen Dichtung 770-1170. In: de Boor; Newald: Geschichte der deutschen Literatur von den Anfängen bis zur Gegenwart. Bd. 1. München, S. 65-73.

GEUENICH, DIETER (1984): Soziokulturelle Voraussetzungen, Sprachraum und Diagliederung des Althochdeutschen. In: Besch; Reichmann; Sonderegger: HSK Bd. 2.1. Berlin/New York, 1145-1155.

GRUBMÜLLER, KLAUS (^{2}1998): Sprache und ihre Verschriftlichung in der Geschichte des Deutschen. In: Besch; Betten; Reichmann; Sonderegger: HSK Bd. 1.1. Berlin/New York, 300-308.

GRUBMÜLLER, KLAUS (^{2}2004): Gegebenheiten deutschsprachiger Textüberlieferung bis zum ausgang des Mittelalters. In: Besch; Betten; Reichmann; Sonderegger: HSK Bd. 2.1. Berlin/New York, 310-317.

GÜNTHER, HARTMUT (1985): Probleme beim Verschriften der Muttersprache. Otfrid von Weissenburg und die *lingua theotisca*. In: LiLi 59, 36- 54.

LÜHR, ROSEMARIE (1982): Studien zur Sprache des Hildebrandliedes Teil I: Herkunft und Sprache. In: Gajek (Hrsg.): Regensburger Beitrage zur deutschen Sprach- und Literaturwissenschaft Bd.22. Frankfurt am Main/Bern.

NÜBLING, DAMARIS (2006): Historische Sprachwissenschaft des Deutschen. Eine Einführung in die Prinzipien des Sprachwandels. Tübingen.

PONGS, HERMANN (1913): Das Hildebrandslied, Überlieferung und Lautstand im Rahmen der ahd. Literatur. Marburg.

SCHLOSSER, HORST DIETER (^{2}2004): Althochdeutsche Literatur. Mit altniederdeutschen Textbeispielen. Auswahl mit Übertragungen und Kommentar. Berlin, S. 68-71.

SCHMIDT WILHELM ([10]2007): Geschichte der deutschen Sprache. Ein Lehrbuch für das germanistische Studium. Stuttgart.

SONDEREGGER, STEFAN ([3]2003):Althochdeutsche Sprache und Literatur. Eine Einführung in das älteste Deutsch. Darstellung und Grammatik. Berlin/New York.

VOLLMANN-PROFE, GISELA (1976): Kommentar zu Otfrids Evangelienbuch Teil I: Widmungen. Buch I, I-II. Bonn.

Myoelektrische Prothesen haben eine Vielzahl an Komponenten, die der Orthopädietechniker speziell und individuell dem Patienten anpassen muss.[14]

3.3 Sensorische Rückkopplung

Eine multifunktionale Handprothese wurde am Forschungszentrum Karlsruhe entwickelt und befindet sich derzeit in der klinischen Testphase. Um z.B. eine Handprothese intelligent (d.h. automatische Krafterkennung) handeln zu lassen, muss der Regelkreis Patient-Hand-Prothese-Umgebung-Patient wieder geschlossen werden. Abbildung 6 „Steuerungs- und Regelungs-konzept" zeigt den Signalfluss und stellt die Interaktion mit einem technischen System dar. Das System erhält ein biometrisches (elektrisches) Signal, was vom Anwender gesendet wird. Jede Handlungsabsicht zeichnet sich durch einen charakteristischen Verlauf des biometrischen Signals aus. Der Verlauf kann angelernt werden oder dem physiologischen entsprechen. Der biometrische Sensor wandelt die biometrischen Signale in elektrische Signale um. Das so entstandene Signal wird in der Auswertereinheit interpretiert und generiert Sollvorgaben für die geplante Aktion. Eine Steuerungs- und Regelungseinheit stellt nun Stell- bzw. Führungs-größen für die Aktoren ein. Die daraus resultierenden physikalischen Größen (z.B. Kräfte) dienen der Interaktion mit der Umgebung. Ein Feedback über den Zustand kann der Patient/Anwender visuell (Bewegung der Aktoren) oder akustisch (Auswirkung auf die Umgebung) erhalten. Sensorsysteme erfassen physikalische Größen aus der Umgebung und führen das entsprechende Signal an die Steuerungs- und Regelungseinheit zurück oder optional an den Biofeedbackauswerter. Dieser erstellt wiederum Stellgrößen für den Biofeedbackaktor, der den Zustand des Systems durch Reize an den Anwender übermittelt.

Somit ist eine Kraftrückkopplung möglich. Mit dem implementierten Kraftrückkopplungs-system lassen sich fünf verschiedene Griffarten (Zylindergriff, Hakengriff, Lateralgriff, Pin-zettengriff, Bewegungen jeden einzelnen Fingers, z.B. Zeigefinger) realisieren.

---

[14] vgl. Bock-Armprothetik

Abbildung 6: Steuerungs- und Regelungskonzept

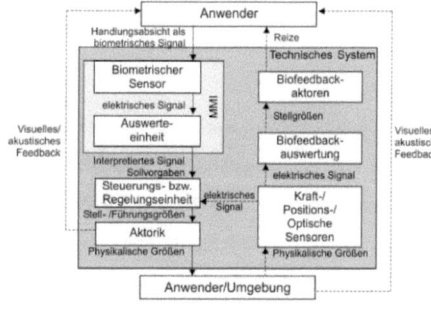

Quelle: Bretthauer (2008)

Abbildung 7: Realisierung der fünf Griffe

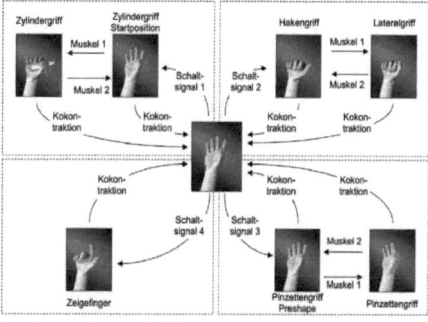

Quelle: Bretthauer (2008)

Nach einer Patientenumfrage ist das Spüren der Kräfte für Prothesenträger am Wichtigsten. Das System (Abbildung 8) besteht hierzu aus den Modulen Greifkraftermittlung (Sensor), dem Steuerungsmodul für die Verarbeitung der Information und der nicht-invasiven Reizerzeugung am Patientenarm mithilfe des Aktoren. Für die nicht-invasive Reizerzeugung wird die Haut durch einen Vibrationsmotor stimuliert.[15]

Abbildung 8: Schematischer Aufbau des Kraftrückkopplungssystems

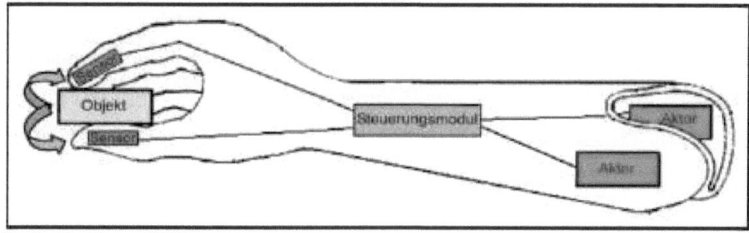

Quelle: Bretthauer (2008)

3.4 Energieversorgung

Zur Energieversorgung myoelektrischer Armprothesen haben sich Lithiumionenakkus bewährt. Diese verfügen gegenüber den zuvor weit verbreiteten Nickel-Cadmium-Zellen über eine rund 3-mal so große Ladungskapazität pro Volumen bzw. pro Gewicht. Mit dieser Zellchemie kann ein moderner Akku von der Größe einer ¼ Zigarettenschachtel heute eine Kapazität von 700 bis 800 mAh bieten. Dadurch ermöglichen sie einer Unterarmprothese mit Greiffunktion einen Betrieb von mehr als 12 h. Dabei hat eine moderne Elektrohand eine

---

[15] vgl. Bretthauer (2008)

Stromaufnahme von 300 bis 500 mAh. Die Betriebszeit über alle Funktionen dieser Hand mit einem modernen Akku liegt demzufolge bei etwa 90 bis 150 Arbeitsminuten. Da die einzelnen Greifaktionen aber immer nur Sekunden in Anspruch nehmen und das System „in Ruhe" nur minimale Stromaufnahme hat, kommt man für die oben genannte Prothese dennoch auf eine Tragezeit von mehr als 12 h pro Akkuladung.

Am Beispiel des DynamicArm® von Otto Bock ist eine elektronisch gesteuerte Beugehilfe AFB (Automativ Forearm Balance) implementiert. AFB reduziert den Energiebedarf und dämpft den Freischwung vom Ellbogengelenk der Prothese. Beim Absenken des Unterarmes wird die freiwerdende Energie in einem Federelement gespeichert und beim Anheben wieder genutzt. Das wirkt sich spürbar auf den Energieverbrauch der Prothese aus, was bedeutet, dass der fest eingebaute Lithiumionenakku, in diesem Fall mit einer Kapazität von immerhin 1500 mAh, den ganzen Tag volle Leistung bringen kann.

Eine weiter Alternative sind Lithiumpolymerakkus. Sie sind sehr flach und können dadurch gut in den Schaft eingearbeitet werden.[16]

4. Schafttechnik

Wie auch bei den Prothesenarten gibt es hier verschiedene Arten (Stumpfumfassender Schaft, Stumpf- und gelenkumfassender Schaft, Offenend-Schaft) die individuell den Gegebenheiten angepasst werden. Zu berücksichtigen sind die Eigenarten des Stumpfes (z.B. Länge, Narben, Hautdefekte) sowie die Bewegungsfreiheit der Gelenke. Allerdings muss bei einem stumpfumfassenden Schaft mit Bewegungseinschränkungen gerechnet werden. Der korrekte Sitz eines Stumpfes im Schaft ist die entscheidende Basis für eine hochwertige und funktionelle Prothese.

Für die Anpassung eines Kunststoffschaftes für myoelektrische Armprothesen ist es empfehlenswert einen Test-, Diagnose- und/oder Probeschaft herzustellen. Mit diesem Schaft - der transparent ist - kann die Passform genauer überprüft und angepasst werden. Geachtet wird auf die Druckverteilung im Schaft (weiße Flecken am Stumpf) und auf evtl. bestehende Luftblasen. Sind Luftblasen vorhanden ist das ein Zeichen dafür, dass die Prothese nicht passt und auch nicht am Stumpf halten kann.

Für die Schaftherstellung wird ein Gipsabdruck des Stumpfes gefertigt, das sogenannte Gips-Negativ. Im Weiteren ist ein Gips-Positiv herzustellen, indem Gips in das Negativ gegossen und dann modelliert wird. Da das Negativ in Ruhe, also unbelastet gefertigt wurde, müssen jetzt kritische Stellen (Ellenbogengelenk) entlastet werden. An Hand des Gips-Positivs wird

---

[16] vgl. Pylatiuk (2006)

der Testschaft meist aus tiefziehfähigen thermoplastischen Material, z.B. PET hergestellt. Der Schaft wird nun über mehrere Tage getragen, um eine umfassende Anpassung vornehmen zu können.

Hat sich der Probeschaft bewährt, wird eine Prothese mit den anderen Prothesenbauteilen zur Probe aufgebaut. Die ermittelten Muskelsignalpositionen vom Patienten werden auf den Schaft übertragen und mittels vorheriger Bohrungungen die Elektrodenhalter platziert.

Abbildung 9: Anpassen der Aufbauhilfen am Schaft

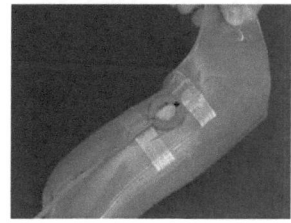

Quelle: www.ottobock.de[17]

Abbildung 10: DynamicArm von Otto Bock

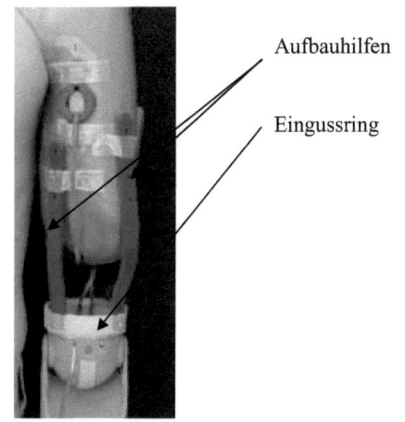

Aufbauhilfen

Eingussring

Am distalen Ende des Schaftes wird jetzt der Eingussring mit den Aufbauhilfen (bei Oberarmprothesen wie z.B. DynamicArm® von Otto Bock) befestigt. Dieser Aufbau sichert die Verbindung zwischen der Prothese und des Schaftes.

Quelle: www.ottobock.de[18]

Hat sich der Probeschaft bewährt, da heißt auch unter Gebrauchbedingungen (Belastungen), werden alle Informationen auf den eigentlichen Schaft übertragen. Der neue Schaft ist in der Regel aus einem Acrylharz.[19]

---

[17] Quelle: http://www.ottobock.de/cps/rde/xbcr/ob_de_de/ti_646t3_dynamic_arm_d_gb.pdf; (Seite 13); downlaod: 01.02.2009
[18] Quelle: http://www.ottobock.de/cps/rde/xbcr/ob_de_de/ti_646t3_dynamic_arm_d_gb.pdf; (Seite 14); download: 01.02.2009
[19] vgl. Bock-DynamicArm®

Schafttechnik mit Liner

Vor wenigen Jahren wurde die Liner-Technik eingeführt. Bei dieser Technik wird ein flexibler Innenliner (Innenhülle) aus Silikonkautschuk über den Armstumpf gerollt und anschließend mit einem Metallstift am distalen Ende mit dem starren Außenschaft verriegelt. Bei Silikon besteht jedoch die Schwierigkeit, die elektrischen Signale von der Hautoberfläche auf die Elektroden zu übertragen. Eine Möglichkeit hier ist das Freimachen des Schaftes an der Elektrodenstelle, so dass die Standardelektroden direkten Hautkontakt haben. Eine weitere Möglichkeit besteht darin, Ableitpunkte aus Edelstahl-Elemente in das Silikon einzuarbeiten. Edelstahl- Elemente übertragen die EMG-Signale von der Hautoberfläche auf die Außenseite des Liners. Dort können die Signale mit Spezialelektroden aufgenommen und verstärkt werden.

Abbildung 11: Silikonliner

Quelle: www.ossur.de[20]

Durch die Benutzung des Liners und seine hohe Hauthaftung besteht die Möglichkeit, in bestimmten Bereichen eine Ausfensterung einzuarbeiten. Diese verschafft dem Prothesenträger mehr Sensibilität im Stumpfbereich und erhöht den Tragekomfort zusätzlich. Der Tragekomfort einer Silikonlinerprothese und der damit verbundenen Bewegungsfreiheit erhöhen die Lebensqualität und Selbstständigkeit der Patienten. Es zeigt eine hervorragende Biokompatibilität und führt so gut wie nie zu Hautreaktionen. In Silikon können darüber hinaus Substanzen wie Vaseline® und Aloe Vera integriert werden, die dauerhaft und aktiv die Haut pflegen und stärken. Es ist einfach und rückstandslos zu reinigen, dabei extrem haltbar und belastbar.

---

[20] Quelle: www.ossur.de/pages/6978; download: 01.02.2009

5. Gründe die den Einsatz myoelektrischer Prothesen behindern

Aus den Vorraussetzungen zum tragen einer myoelektrischen Armprothese, wie Amputationshöhe, die Beweglichkeit der vorhandenen Gelenke, die verwendbaren Steuersignale sowie der Muskeltonus, lassen sich ebenfalls Gründe ableiten, die den Einsatz der Prothesen schwierig gestalten oder gar unmöglich machen.

Stumpf- und Phantomschmerzen könnten durch äußere Kompression beseitigt werden. Je proximaler die Amputation erfolgt ist, desto mehr Phantomschmerzen können auftreten. Die Phantomschmerzen verhindern letztendlich, dass der Patient seine Prothese als eine sinnvolle Ergänzung empfindet. Ein weiterer Faktor ist der Stumpfzustand. Narbenzüge, die z.B. von einer Spalthautdeckung sein können, Kontrakturen des Ellenbogen- oder Schultergelenkes und Stumpfödeme, hervorgerufen durch Herzinsuffizienz, Nierenprobleme oder Entzündungen können das tragen einer myoelektrischen Prothese unmöglich machen. Dies gilt auch bei Tumoren und Hauterkrankungen. Einige Patienten beschreiben ebenfalls das Phantomgefühl als ein großes Problem. Die Patienten geben an, dass sich der Stumpf vom Gefühl in der Position befindet, in der das Trauma eingetreten ist. Beispielsweise befindet sich der amputierte Arm kontrahiert im Faustschluss vor der Brust es Patienten. Schafft man es nicht, die Muskulatur zu entspannen und den amputieren Arm zu strecken, ist eine Versorgung mit einer myoelektrischen Prothese sehr schwierig wenn nicht gar unmöglich. Bei der prothetischen Versorgung des Oberarmes muss sehr genau abgeklärt werden, ob der Patient in der Lage ist, das Ellenbogengelenk mit Eigenkraft zu bewegen, um die myoelektrische Prothesenhand beispielsweise zum Mund führen zu können.[21]

---

[21] vgl. Kloss (2003)

6. Anhang

6.1 Abbildungsverzeichnis

6.2 Abkürzungsverzeichnis

AFB	Automativ Forearm Balance
EMG	Elektromyographie
MMI	Man-Machine-Interface

6.3 Literaturverzeichnis

BETTHAUER (2008)
>   Betthauer G., Schulz S., Pylatiuk C., Beck S., Reischl M.
>   Eine neue adaptive Hand.
>   in: Handchir Mikrochir Plast Chir 2008, 40: 40-45

BOCK-DynamicArm®
>   Bock O.
>   12K100 DynamicArm®, Gips- und Laminieranleitung
>   Informationsbroschüre

BOCK-Armprothetik
>   Bock O
>   Armprothetik – Alles im Griff!
>   Informationsbroschüre

KLOSS (2003)
>   Kloss H.
>   Myoelektrische Armprothesen: Welche Gründe behindern ihren Einsatz?
>   in: Orthopädie-Technik 2003, 01, Seite 16-20

PYLATIUK (2006)
>   Pylatiuk C., Döderlein L.
>   „Bionische" Armprothesen
>   in: Der Orthopäde 2006, 35:1169-1175
>   Springer Verlag: Heidelberg

REISCHL (2006)
    Reischl, M.
    Ein Verfahren zum automatischen Entwurf von Mensch-Maschine Schnitt-stelle am
    Beispiel myoelektrischer Handprothesen.
    Dissertation, Universität Karlsruhe, 2006